Reise durch

OSTPREUSSEN

Bilder von

Wolfgang Korall

Texte von

Gunnar Strunz

Stürtz

INHALT

Erste Seite:
Ein Gemälde des litauischen Künstlers R. Gindulis: Kurenkähne auf dem Kurischen Haff bei Schwarzort (Juodkrante).

Vorherige Seite:
Die Marienburg (Malborg) an der Nogat war der Hauptsitz des

Deutschen Ritterordens. Sie gilt als größte Backsteinarchitektur der Welt und entstand in ihren wesentlichen Teilen in nur 15 Jahren zwischen 1274 und 1290.

Unten: Romantische Abendstimmung am Frischen Haff bei Frauenburg (Frombork). Der Ort Frauenburg war vom Mittelalter bis 1945 ermländischer Bischofssitz.

Seite 10/11: Die Hohe Düne von Nidden (Neringa) auf der Kurischen Nehrung erhebt sich 60 Meter über Haff und Ostsee.

DAS LAND DER VÄTER

Ordensschloss und Dom bilden in Marienwerder (Kwidzyń) eine untrennbare Einheit. Bereits 1233 entstand hier eine der ersten Burgen des Ordenslands.

Kein anderer Landstrich Mitteleuropas steht für so viele Menschen als Synonym für ein verschwundenes Paradies wie Ostpreußen. Wer einmal dort gelebt hat, kann es nie wieder vergessen – so sagen zumindest die Ostpreußen. Von den untergegangenen deutschen Ostprovinzen sind Pommern und Schlesien, so scheint es, weniger mit Emotion behaftet als die Landschaft an Memel und Pregel. Der Name der nordöstlichsten deutschen Provinz ist Symbol für das Unerreichbare, für ein unwiederbringlich Verlorenes. Das mag einesteils darin liegen, dass die Nachkriegsgeschichte Ostpreußens zumindest in seiner nördlichen Hälfte einen ganz anderen Verlauf als im südlichen Teil bzw. in Pommern und Schlesien nahm. Während es seit den sechziger Jahren ohne allzu große Probleme möglich war, Süd-Ostpreußen, Pommern und Schlesien wieder zu bereisen, blieb der Norden Ostpreußens mit der Hauptstadt Königsberg abgeriegelt. Die »Kaliningradskaja Oblast« (Kaliningrader Gebiet), wie das Gebiet nun seitens der Sowjets genannt wurde, erfuhr den Ausbau zu einem militärischen Sperrgebiet, das für Ausländer völlig verschlossen war und in das selbst Sowjetbürger, wenn sie nicht dort lebten, keinen Zugang erhielten. Dazu kam noch, dass Königsberg wie keine andere Stadt des untergegangenen deutschen Ostens zerstört war, die Ruinen im Zentrum zugunsten leerer Flächen abgetragen wurden und ein Wiederaufbau nach historischen Stadtstrukturen, wie beispielsweise in Danzig, nirgendwo im Stadtgebiet erfolgte. Kaliningrad, wie die Stadt seit 1946 heißt, wurde im Zentrum zu einer gesichtslosen Neubauwüste, zu einer rein sowjetischen Stadt, die ebenso gut hinter dem Ural hätte stehen können. Kaum Informationen drangen von hier nach West-

europa. Nord-Ostpreußen wurde zur »terra incognita«, blieb unbesuchbar, unerreichbar. Es wäre leichter gewesen, mit der NASA zum Mond mitzufliegen, als eine Besuchserlaubnis für das nördliche Ostpreußen zu bekommen! Diese Sehnsucht nach dem Unerreichbaren hätte allein aber vielleicht nicht ausgereicht, den Begriff »Ostpreußen« mit solch einem Nimbus zu versehen, wenn die ostpreußische Landschaft nicht andererseits von erlesener Schönheit gewesen wäre. Eine Landschaft von unvergleichlichem Zauber – mit jenem weiten, hohen Himmel, den es in der Tat nur dort gibt.

Über Ostpreußen heute zu schreiben, ist schwierig. Denn erstens ist die preußische Provinz 1945 von den Karten getilgt worden und heute zwischen drei Staaten verteilt. Der schmale Streifen nördlich des Memelstroms mit dem Nordteil der Kurischen Nehrung war bereits 1919 durch das Versailler Diktat Litauen zugesprochen worden. Ostpreußen, wie es dann bis 1945 bestand, wurde durch das Potsdamer Abkommen geteilt. Ein kleinerer nördlicher Teil mit dem Samland und der Hauptstadt Königsberg, zwischen Memel und einer mit dem Lineal gezogenen, willkürlich Dörfer und ehemalige Verwaltungsgrenzen zerschneidenden Grenze, die sich vom Frischen Haff über Heiligenbeil – Preußisch Eylau – Gerdauen bis Goldap zieht, geriet unter »sowjetische Verwaltung«. Die südlichen Teile dagegen, mit dem Oberland, mit Ermland, Masuren und dem Rest Westpreußens östlich der Weichsel wurden Polen angegliedert.

Zweitens leben seit knapp 60 Jahren dort die verschiedensten Völker und Nationen, nachdem die angestammte deutsche Bevölkerung nach Westen vertrieben worden ist. Können sich denn die kulturellen Mannigfaltigkeiten nebst ihren Überschneidungen objektiv darstellen lassen, besonders da das janusköpfige heutige Gebiet des alten Ostpreußen unter der dünnen Haut der Polonisierung bzw. Sowjetisierung der letzten 60 Jahre stets die siebenhundertjährige deutsche Geschichte erkennen lässt? Zwar sieht man russischerseits Nord-Ostpreußen lediglich als Kriegsbeute an, als ein Gebiet, das zwar lange deutsch gewesen sei, aber jetzt eben zu Russland gehöre, doch geht die polnische Lesart von einem »kernpolnischen Urland« in Ostpreußen aus, das eben nur einige Jahrhunderte »okkupiert« gewesen sei. Über Ostpreußen zu schreiben, ist deshalb eine Gratwanderung, ein Politikum.

Etwa 500 Kilometer sind es von Berlin bis nach Ostpreußen. Die kürzeste Route in das Sehnsuchtsland führt über den alten Königsweg der früheren Reichsstraße 1. Nur dünn ist die Landschaft besiedelt. In Schlochau (Człuchów), kurz vor der Reichsgrenze von 1937, grüßt der Turm der Ordensritterburg. Hier, etwa in der Mitte zwischen Berlin und Königsberg, ist das Land des Deutschen Ritterordens erreicht. Mit Ankunft an der breiten Weichselniederung steht man vor Ostpreußens Toren. In östlicher Richtung erscheint, kaum am Horizont sichtbar, ein kantiges lichtbraunes Gebilde. Bald ragt es in überwältigender Pracht über der Nogat auf: Die Marienburg, die größte Backsteinarchitektur der Welt, ist gleichsam das riesige Eingangsportal in das Land.

VON DER EISZEIT GEPRÄGT

Ostpreußen reicht, auf einer Fläche von 37 000 Quadratkilometer, von der fruchtbaren Weichselniederung im Südwesten bis zum Memeldelta im Norden und Nordosten. Es erstreckt sich von den masurischen Seen im Südosten bis zum Frischen Haff und der samländischen Steilküste im Westen und Nordwesten. Die letzte Eiszeit, die vor 10 000 Jahren zu Ende ging, prägte überwiegend das Gesicht des Landes. Die höchsten Erhebungen finden sich im Südwesten, wo der breitwellige Preußische Landrücken sich von der Kernsdorfer Höhe bei Osterode (Ostróda), dem mit 313 Meter höchsten Berg der alten Provinz (und gleichzeitig der höchsten Erhebung zwischen Harz und Uralgebirge!) durch Masuren bis hin zum Seesker Berg (310 Meter) bei Goldap im Osten zieht. Der Norden ist weitgehend flach und erreicht meist kaum mehr als 40 Meter Höhe und einige Gebiete der Memelniederung (Moosbruch, Elchniederung) liegen sogar unter dem Meeresspiegel.

30 Kilometer hinter der Marienburg liegt Elbing (Elblag). Die Schwesterstadt Danzigs war vor 600 Jahren die weitaus bedeutendere der beiden Hansestädte. Doch mit dem Verlanden der (jetzt nicht mehr vorhandenen) Öffnung des Frischen Haffs zur Ostsee hin, verlor Elbing seine handelsgeografisch günstige Position. Die Stadt konnte bis 1945 ein bezauberndes Ensemble alter Kaufmanns- und Bürgerhäuser aufweisen, das allezeit neben Danzig bestehen konnte. In den letzten Kriegsmonaten wurde das Zentrum zu 95 Prozent zerstört und blieb bis 1990 unbe-

Rossitten (Rybatschij) auf der Kurischen Nehrung konnte durch die Zeiten den Zauber eines weltverlorenen Fischerdorfs bewahren.

baut. Der Wiederaufbau des alten Stadtkerns, der noch nicht abgeschlossen ist, vereint in äußerst gelungener Form originalgetreu rekonstruierte Straßenzüge mit Vierteln, in denen gotische und barocke Bauelemente in phantasievoller moderner Umschreibung faszinieren.

In südlicher Richtung steigt das Oberland bis zur Kernsdorfer Höhe hin an. Es ist ein landwirtschaftlich reiches Land. Vom Wohlstand seiner früheren Bewohner künden die stattlichen Vorlaubenhäuser. Eine technische Meisterleistung ist der sog. Oberländische Kanal. Schon um 1825 war eine Verbindung zwischen den höher gelegenen Seen des Oberlands und dem Drausensee bei Elbing und damit auch dem Frischen Haff geplant. Doch hätten dabei etwa 100 Höhenmeter überwunden werden müssen. Insgesamt fünf Geländestufen innerhalb der Seenkette sollten durch geneigte Ebenen verbunden werden. Auf diesen konnten die Schiffe über Wagen auf Schienen hinaufgezogen werden. 1845 begann unter dem Königsberger Ingenieur Steenke der Bau, der 1860 im wesentlichen abgeschlossen war und zunächst der Güterbeförderung diente. Mit dem Bau der Eisenbahn von Elbing nach Osterode 1893 wurde er unrentabel. Er blieb allerdings eine besondere Kuriosität für Touristen.

Bei Allenstein (Olsztyn) gehen Oberland, Ermland und Masuren ineinander über. Das Ermland, benannt nach dem Pruzzenstamm der Warmier, etwa zwischen Frischem Haff, Heilsberg (Lidzbark Warmiński) und Allenstein zu suchen, hat eine besondere Geschichte, denn obwohl im Herzogtum Preußen nach 1520 die Reformation eingeführt wurde, konnte der Bischof von Ermland seine Selbstständigkeit behaupten. Sein Bistum blieb katholisch. Allenstein, die zweitgrößte Stadt des früheren Ostpreußen, ist damals wie heute Verwaltungssitz eines Regierungsbezirks, der Woiwodschaft »Warmia i Mazury«. Das nördliche Ermland, ein Teil des ehemals pruzzischen Gaus Natangen, ist sehr einsam. Immer wieder Gleiskörper und Brücken ohne Schienen. Man spürt die Nähe der Grenze zum Kaliningrader Gebiet. Vielen der weiter nach Norden führenden Straßen gebieten bald Unkraut und Stoppschilder Halt. Überwältigend thront über dem Städtchen Frauenburg (Frombork) am Frischen Haff die Kathedrale, der architektonisch schönste Kirchenbau Ostpreußens, in der der Domherr und Astronom Nikolaus Kopernikus seine letzte Ruhestätte fand.

Von Guttstadt (Dobre Miasto) erstreckt sich über Seeburg (Jeziorany) nach Rössel (Reszel) eine der schönsten, doch bei Touristen fast unbekannt gebliebene »Panoramastraße« durch das südliche Ostpreußen. Die schmale Straße zieht hügelauf und hügelab, windet sich in kleinen Kehren um weich geschwungene Moränen. Schier unendliche Baumreihen säumen den Weg. In der Ferne blinken aus allen Richtungen kleine und große Seen und wie ein schwerer Teppich wogen leuchtende Kornfelder über duftender Erde.

Die unzerstörte frühere Kreisstadt Rössel (Reszel) gibt noch heute ein Bild beschaulichen ostpreußischen Bürgerlebens. Hier fand 1807 die letzte öffentliche Verbrennung in Europa statt. Es handelte sich aber nicht um einen Akt der Inquisition an einer Hexe, sondern um ein Strafgericht an einer Frau, die aus Eifersucht die Stadt angezündet hatte. Rößel wird überragt von einer der schönsten erhaltenen Ordensburgen.

MASUREN IST ERREICHT

Seinen Namen hat es von den Masowiern. Diese wurden nach 1450 aus Masowien, einem polnischen Herzogtum zwischen Narew und Bug geholt, da die Siedlerströme aus dem Westen nachgelassen hatten, und das Gebiet nicht brachliegen sollte. Die Einwanderer verschmolzen mit den Pruzzen und den bereits ansässigen Siedlern aus dem Westen zu einem ganz eigentümlichen Stamm mit einer deutsch-polnisch-litauischen Mischsprache. Die Landschaft hier ist vielleicht die schönste, die idyllischste ganz Ostpreußens. Bis zu 3000 Seen, eingebettet in lichtdurchflutete Kiefernwälder, hat man in Masuren gezählt – am Ende der Eiszeit von abschmelzenden Gletschermassen gleichsam in die Erde eingekerbt. Zur besonderen Schönheit dieser Seen tragen weite Landvorsprünge, Inseln und Schilfgürtel bei. Der Spirdingsee, das »masurische Meer«, ist der größte der Seen, hat eine Ausdehnung von 110 Quadratkilometern und ist über 20 Meter tief. In seinem südlichen Teil erhebt sich die sagen-

Der feine Sandstrand und die malerische Steilküste ließen Rauschen (Svetlogorsk) an der Samlandküste früh zum beliebten Badeort aufsteigen. Rauschen ist noch heute ein mondäner Badeort und vielleicht die hübscheste Ortschaft im Kaliningrader Gebiet.

umwobene Teufelsinsel aus dem Wasser, die bei den Masuren als Tummelplatz der Gespenster gilt. Aber es wird den Gespenstern wahrscheinlich inzwischen recht ungemütlich werden, denn hier am Spirdingsee befindet sich mit Nikolaiken (Mikołajki) Masurens touristisches Hauptzentrum. Ob man eine Schiffsfahrt auf dem Beldahnsee bis nach Niedersee machen möchte, ob man die orthodoxe Sekte der Philipponen in Eckertsdorf (Wojnowo) kennen lernen will, sich auf einer Paddeltour auf dem Crutinnenfluss sportlich ertüchtigen will oder in der Begegnung mit Wäldern und Menschen auf den Spuren des Dichters Ernst Wiechert wandelt – Ostpreußen bietet hier für seine Besucher viele Attraktionen.

Nördlich des Landrückens liegt fruchtbares Land mit weiten Talauen. Hier, bereits im russischen Teil Ostpreußens, in der »Kaliningradskaya Oblast«, findet sich zwischen Gumbinnen (Gussew) und Stallupönen (Nesterow), Trakehnen (Jasnaja Poljana), das »Heiligtum« der Pferde. Zahlreiche russlanddeutsche Ansiedler gaben dem traditionsreichen Dorf seit 1991 ein neues Gesicht. Hier gründete Friedrich Wilhelm I. 1732 das später weltberühmte Gestüt. Das berühmte Tor mit der Elchschaufel wie auch das Gutshaus sind erhalten. Pferdezucht findet allerdings nicht mehr statt. Hier ist es nicht weit in die berühmte Rominter Heide, seit alters her das Jagdrevier der jeweiligen Herrscher.

»AUSSTEIGEN LOHNT NICHT!«

Gumbinnen, heute Gussew, wurde einst »Potsdam des Ostens« genannt. Das allerdings nicht wegen besonderer architektonischer Vorzüge, sondern weil es wie Potsdam eine bedeutende Garnisons- und Verwaltungsstadt gewesen ist. Ein Reiseführer aus den zwanziger Jahren bemerkt über die Stadt lakonisch: »Sitz einer preußischen Regierung. Aussteigen lohnt nicht.« Zauberhaft ist das Pregeltal zwischen Insterburg nach Tapiau (Gwardejsk). Nach Norden hin zerteilt sich der Pregel in viele Altarme, nach Süden begrenzt eine sanft ansteigende Geländestufe

Auf dem Dorffriedhof von Nidden (Neringa) finden sich noch viele Gräber aus deutscher Zeit. Die Grabbretter sind in Form einer Kröte gehalten, die bei den Kuren als ein Symbol für das Weiterleben nach dem Tod standen.

die breite Aue. Die Straße nach Königsberg, entlang des Pregels, verbreitert sich zur vierspurigen Autobahn. Es war eine Planung aus der Sowjetära, Moskau mit der westlichsten Stadt seines Einflussbereichs durch eine moderne Schnellstraße zu verbinden. Etwa 40 Kilometer zwischen Königsberg und Tapiau konnten fertig gestellt werden. Nickende Erdölpumpen verändern unerwartet das Landschaftsbild. Königsberg ist jetzt nahe. Eine Kontrollstelle fordert STOPP! Fahrzeuge werden stichprobenartig auf ihre Papiere hin überprüft. Die Stadt, die so viele Jahre unzugänglich, verboten war, liegt vor uns.

DIE RACHE DES SCHLOSSES

Das alte Königsberg war Hauptstadt, Verkehrs- und Wirtschaftszentrum der Provinz Ostpreußen. Es besaß mit seinem Schloss eine der drei großen Hohenzollernresidenzen neben Potsdam und Berlin, von denen keine auf die heutige Zeit gekommen ist. Zwei vernichtende englische Bombenangriffe vom August 1944, denen das Artilleriebombardement während der Belagerung Anfang 1945 folgte, sowie die Zerstörungswut der Nachkriegsjahre ließen kaum etwas übrig. Im Zentrum Kaliningrads ist Königsberg nicht mehr zu erkennen – das alte Straßennetz nicht mehr zu finden. Am früheren Kaiser-Wilhelm-Platz, jetzt »Centralnij ploschtschad« – Zentraler Platz – stand das Hohenzollernschloss. Doch auf der weiten Fläche steht nur eine Ansammlung von Kleinläden in Containern und dahinter der Moloch des »Hauses der Räte«, in das die Gebietsverwaltung einziehen sollte. Es wurde auf den Fundamenten des Schlosses errichtet, das aus ideologischen Gründen 1968 abgetragen wurde. Doch bei der mehraktigen Sprengung ist so viel Dynamit eingesetzt worden, dass die Fundamentreste zerbrachen und der umliegende Boden so aufgelockert wurde, dass der Neubau begann, sich zum Pregel hin zu neigen. Das »Dom Sovjetov« konnte nie bezogen werden. Die Rache des Schlosses? Hier im fehlenden Herz des alten Königsberg, 590 Kilometer von Berlin, wird ein weiteres Mal die Tragik des Schreckensjahres 1945 offenkundig.

Doch sind die nordostpreußischen Landschaften von erhabener Schönheit geblieben. Die Memelniederung zwischen Labiau, Tilsit und der Stadt Memel mit ihren Sümpfen und Kanälen an der Ostseite des Kurischen Haffs ist von eigentümlichem Zauber. Von Mehlauken (Zalesje) gelangt man durch Äcker und einsame Wälder an die äußersten Vorposten der Besiedlung an der Ostseite des Haffs. In Lauknen (Gromowo) ist das Große Moosbruch erreicht. Mit 125 Quadratkilometer Fläche war es einst das größte Hochmoor Deutschlands. Heute noch ist es die Heimat seltener Pflanzen wie Kienporst und Sonnentau. Schier unendliche Erlenbruchwälder, durchzogen von zahllosen Abzugsgräben, die schwarzes Moorwasser führen, geben vielen Elchen Lebensraum. Hochmoore mit Birken und Krüppelkiefern verleihen der Landschaft ein »ostisches« Gepräge. Die Moosbruchbauern führten ein ärmliches Dasein. In der ganzen Niederung mussten die Pferde stets Holzschuhe tragen, um nicht einzusinken.

In Tilsit stehen weite Altbauquartiere noch. Nur das Herz der Stadt um die Deutsche Straße und um das Rathaus fehlt. Doch Tilsits Wahrzeichen, die Luisenbrücke mit ihrem gewaltigen Portal, zieht sich wie einst über die Memel, die jetzt Grenzfluss zu Litauen ist. Von Tilsit aus erreicht man über Heinrichswalde (Slawsk), einem kleinen unzerstörten Marktflecken, den äußersten Norden des Kaliningrader Gebiets.

Der Riegel des Samlands, der sich nordwestlich von Königsberg in die Ostsee schiebt, ist mit seinen Steilküsten und den in sie tief eingekerbten Schluchten von besonderem landschaftlichen Reiz. Hier befindet sich in Palmnicken (Jantarnyj) der Welt größte Bernsteinfundstätte. Rauschen (Svetlogorsk), das vornehme Ostseebad ist wahrscheinlich der besterhaltene Ort des Königsberger Gebiets. »Sotschi des Nordens« sagen die Russen und vergleichen es mit dem berühmten Schwarzmeerbad. Nur 35 Kilometer von Königsberg entfernt, war und ist es die »Badewanne« der Stadt.

Die hinreißende Schönheit der ostpreußischen Küstenlandschaften lässt sich kaum schildern. Starke Strömungen aus westlichen Richtungen, die Sand von der ostpommerschen wie auch samländischen Küste anschwemmten, schufen im Lauf weniger tausend Jahre die einzigartigen Nehrungen, die in dieser Länge fast nirgendwo auf der Welt

Neben Gilge blieb Inse (Pritschalij) als einziges der Fischerdörfer an der Ostseite des Kurischen Haffs erhalten. Wahrscheinlich hat sich das Leben der Fischer hier in den letzten 60 Jahren kaum verändert.

zu finden sind. Die kleinere, die Frische Nehrung, ist 56 Kilometer lang und erstreckt sich von Pillau bis zum Danziger Werder nahe der Weichselmündung. Auf polnischer Seite, mit dem Ostseebad Kahlberg (Krynica Morska) viel besuchtes Badegebiet, ist ihr nordöstlicher Abschnitt, auf russischem Territorium, weit gehend unzugänglich. Die längere, die Kurische Nehrung, mit ihren bis 60 Meter aufragenden Wanderdünen einst die »ostpreußische Sahara« genannt, ist ein erdgeschichtlich junges und kurzlebiges Naturwunder von Weltrang. Fast 100 Kilometer führt die dünne Sichel aus Sand vom Ostseebad Cranz bis Memel. Die Poststraße von Berlin über Königsberg nach Petersburg führte über diesen schmalen, zerbechlichen Saum. Die berühmte Vogelwarte, die Johannes Thienemann 1896 in Rossitten gründete, besteht noch. Kurz vor Rossitten rechts ein verwunschener großer Teich. Es ist das Möwenbruch, der einzige Binnensee auf der Nehrung. Pillkoppen (Morskoje) ist das weltfernste und gleichsam verlorenste der Nehrungsdörfer. Weit schweift der Blick über das stille Dorf und das glänzende Haff. Noch vor zehn Jahren lag es direkt am Ufer – jetzt hat sich eine kleine neugebildete Nehrung davor gelegt und es vom Haff abgeschnitten. Kein Mensch ist zu sehen. Man fühlt sich wie im Traum. Die Wanderdünen sind durch Abholzen des Nehrungswaldes während der Ordenszeit entstanden. Die schönsten von ihnen liegen im Grenzgebiet, denn etwa in der Nehrungsmitte beginnt das litauische Staatsgebiet auf dem Territorium des früheren Ostpreußen.

TOURISTISCHE ZENTREN DER NEHRUNG

Das Memelland ist erreicht. Der Dürftigkeit der Kaliningradskaja Oblast antwortet hinter der Grenze in Nidden (Neringa) ein entwickeltes Feriengebiet mit luxuriösen Hotels. Nida mit der Hohen Düne und Schwarzort (Juodkrante) mit seinem prachtvollen Hochwald sind die touristischen Zentren der Nehrung. Viele Dünen sind grasbewachsen und teils bewaldet – dennoch ist die Vision aus Haff, Ostsee und Strand auch hier

atemberaubend. Memel, 1252 gegründet, ist mit die älteste Stadt des Ordenslands. Die Altstadt ist weitgehend erhalten und wieder aufgebaut. Das heutige Klaipeda ist Litauens Tor zur Welt.

Doch weltvergessen der Rest des Memellands: durch die Mingeniederung zur Windenburger Spitze an der Ostseite des Haffs. Jenseits glitzert dunkelgelb Niddens Hohe Düne. Überall die typisch memelländischen Einzelgehöfte mit Dächern, geschmückt mit Holzkreuz und Pferdekopf. Weiter östlich zwingt der Wilkischker Höhenzug die Memel zu einer markanten Schleife. Hier erhebt sich der Rombinus, der sagenumwobene heilige Berg der Litauer. »Smaleninkai« – Schmalleningken – verheißt ein Ortsschild.

Aber es ist heute in allen Teilen wieder erlebbar. »Die Märchenwelt aus Moos und Schilf der masurischen Seen, die leuchtend grünen Zauberwälder voller Geborgenheit – Ostpreußen war ein einziges großes Gotteshaus« ruft Hans Hellmut Kirst in seinem Ostpreußenbuch emphatisch aus. »In Ostpreußen lag das Paradies«, hatte ein Königsberger Professor im 18. Jahrhundert nach eifrigem Bibelstudium herausgefunden. Doch in Ostpreußen liegt das Paradies vielleicht jetzt noch. Denn in seiner sanften, schwermütigen, doch niemals traurigen Schönheit, in seinen lichtglühenden Buchenwäldern, in den dunkelleuchtenden Augen seiner Seen, in den samtenen Weiden, in seinen weiten Birkenhainen, in denen schon bisweilen die Weite der russischen Ebenen aufzuklingen scheint, wird es heute und über alle Zeiten hin jene, die mit der Seele zu schauen vermögen, unwiderruflich in seinen Bann ziehen.

Seite 22/23:
Der Dom zu Frauenburg am Frischen Haff, auf einem steilen 30 Meter hohen Hügel über dem Haff aufragend, gilt als künstlerisch schönste ostpreußische Kirche.

Seite 24/25:
Die Fischerei ist einst wie jetzt einer der Haupterwerbszweige der Menschen am Frischen Haff.

SZT-1

ZWISCHEN HÖCHSTEM BERG UND GRÖSSTEM SEE

Gleichsam den Zugang nach Ostpreußen bewachend, erhebt sich die Marienburg (Malborg) majestätisch über den Nogatfluss.

Das heute polnische, südliche Ostpreußen ist die attraktivste Region der alten Provinz. »Warmia i Mazury«, Ermland und Masuren, wie diese Region in der polnischen Administration bezeichnet wird, ist ein sanft gewelltes Hügelland, das sich von der alten Landschaft Pomesanien an der Weichsel im Südwesten zum Oberland hin mit dem höchsten Berg Ostpreußens, der Kernsdorfer Höhe (313 Meter), erstreckt. Das sich durch das Ermland um Heilsberg und Allenstein zu den Großen Masurischen Seen um Nikolaiken, Lötzen und Angerburg senkt und zum Ostrand Ostpreußens hin um Goldap in der Seesker Höhe nochmals die 300-Meter-Marke übersteigt.

Diese landschaftliche Vielfalt von hoher Schönheit wird ergänzt durch malerische historische Städte, die rekonstruiert oder wiederaufgebaut die wechselnde Geschichte des Oberlandes, des Ermlandes und Masurens widerspiegeln. Auf Schritt und Tritt begegnet man dem großen Astronomen Nikolaus Kopernikus und in den prachtvollen Ordensburgen Heilsbergs, Rössels und der prächtigsten von allen, der Marienburg manifestiert sich zwischen Triumph und Niedergang die Geschichte des Deutschen Ritterordens.

Doch ebenso der, der unbefangen von der Historie sich der Landschaft nähert, wird von der Fülle der Möglichkeiten fasziniert sein: Die masurischen Seen sind Paradiese für Angler und Segler, die auch auf dem Frischen Haff ihrer Leidenschaft nachgehen können. Rad fahren, Wandern und selbst Skifahren in den Goldaper Bergen komplettieren eine Palette, die in Mitteleuropa ihresgleichen sucht. Polnisch Ostpreußen ist inzwischen ein beliebtes Urlaubsziel geworden.

– SÜDLICHES OSTPREUSSEN

Seite 28/29:
Das Hochschloss der Marienburg von Südosten. 1309 wurde der Hauptsitz des Deutschen Ritterordens aus Venedig hierher verlegt.

Auch das Innere der Marienburg ist mit erlesener Schönheit ausgestaltet: Schlanke Säulen tragen das Gewölbe der Konventsstube.

Nur von einer einzigen Säule gestützt wird das Gewölbe des Winterremter, eines Speise- und Versammlungssaals in der Marienburg.

Einzigartige Innenarchitektur des Mittelalters findet man im Sommerremter der Marienburg, dessen Sterngewölbe von einem einzigen, fast zerbrechlich wirkenden Granitpfeiler getragen wird, und der als schönster Raum des Schlosses überhaupt gilt.

Die Wohn- und Essräume der Ritter im Inneren der Marienburg zeigen höfische Pracht: der zweischiffige Konventsremter im Hochmeisterpalast.

Rechte Seite oben und unten:
Das Innere der Kirche von Posilge (Zulawka Sztumska) im früheren Kreis Stuhm ist mit Fresken geschmückt. Die Kirche geht auf die Mitte des 13. Jahrhunderts zurück, nachdem die bekehrten Prussen sich im Vertrag von Christburg (1249) verpflichten mussten, insgesamt 13 Kirchen neu zu errichten.

Oben:
Im Burgmuseum der Marienburg werden die Schätze des Deutschen Ordens aufbewahrt: eine aus Holz geschnitzte Christusfigur.

Oben:
Schmerz und Trauer drückt diese Christusfigur am Kreuz auch ohne Gesicht aus, zu finden im Museum der Marienburg.

Seite 34/35:
Der gewaltige Danzker (gleichsam die »Ordens-Latrine«) der Burg von Marienwerder (Kwidzyń) erstreckt sich 60 Meter über einen Bogengang in die Weichselniederung. Zur Ordenszeit floss ein Weichselarm noch unter dem Danzker hindurch.

Unten:
Der Kreuzgang der Burg von Marienwerder diente den Ordensrittern zur Kontemplation. Dom und Burg entstanden zwischen 1322 und 1360.

Unten:
Die Burg von Marienwerder präsentiert sich als wehrhaftes Kastell. Sie wurde um einen quadratischen Innenhof angelegt und mit mächtigen Ecktürmen bewehrt.

Linke Seite:
Wie alle Architektur des Deutschen Ritterordens ist auch Marienwerder (Kwidzyń) ein Kleinod der Backsteinbaukunst und braucht den Vergleich mit der Marienburg nicht zu scheuen. Das Gewölbe des Speise- und Aufenthaltsraumes der Ritter wird auch hier von einer einzigen Säule getragen.

DIE ORDENSRITTER

Der Deutsche Ritterorden entstand zur Zeit der Kreuzzüge gegen Ende des 12. Jahrhunderts in Palästina ursprünglich zum Zweck der Pflege von kranken und verwundeten Kreuzfahrern sowie dem Schutz der Pilger vor Überfällen. Bald wurde dies mit dem Auftrag zur Missionierung ergänzt. Innerhalb von 30 Jahren gelangte der Orden auf diese Weise zu Ansehen wie auch zu materiellem Reichtum. 1225, als Hermann von Salza Hochmeister des Ordens war, erging an ihn der Ruf des polnischen Herzogs Konrad von Masowien ihm bei der Niederhaltung beziehungsweise Missionierung der heidnischen Pruzzen zu helfen. Dieser baltische Volksstamm, beheimatet etwa zwischen Weichsel und dem heutigen Lettland, galt den Polen als besondere Gefahr.

Der Orden sollte für seine Tätigkeit das spätere Kulmerland (etwa zwischen Graudenz und Thorn gelegen) und weitere zu erobernde Gebiete als Lohn erhalten. Lange schon war die Gründung eines eigenen Staates ein Ziel des Ordens. So erschienen 1228 die ersten Ordensritter an der Weichsel. Unter dem Hochmeister Hermann Balk wurden nach 1230 in rascher Folge Thorn, Marienwerder und Elbing gegründet. Immer mehr Gebiete konnten militärisch gewonnen werden, wobei die Ländereien anschließend mit Bauern besiedelt wurden. Trotz zahlloser Aufstände der eingesessenen Pruzzen konnten die Ritter bis etwa 1300 diese vollständig niederwerfen. Das allerdings nicht durch direkte Vernichtung, sondern weit gehend

Links:
Nur Reste blieben von der Burg Balga (Veselnoje) am Frischen Haff. Hier stand ursprünglich eine Pruzzenfeste, die der Deutsche Orden 1239 eroberte und später in Stein ausbauen ließ.

Oben:
Gewaltige Ziegelsteinarchitektur: Das Hochschloss der Marienburg, die die größte Burganlage Mitteleuropas zwischen dem Hradschin in Prag und dem Kreml in Moskau ist.

Rechte Seite:
Oben links:
Das Ordensschloss in Heilsberg (Lidzbark Warmiński) ist nach der Marienburg die zweitgrößte der erhaltenen Burgen.

Oben rechts:
Die Ruine der Brandenburg (Uschakowo): Sie wurde 1266 vom Markgrafen von Brandenburg angelegt, der mit den Kreuzfahrern ins Prussenland gekommen war.

UND IHRE BURGEN

Unten links: Ragnit (Neman) zählte einst mit der Marienburg zu den stärksten Ordensburgen. 1829 wurde sie durch einen Brand verwüstet.

Unten rechts: Die Burg Labiau (Polessk) wurde nach der Eroberung des Samlandes 1258/1259 angelegt und schon 1277 von den Schalauern niedergebrannt.

durch kontinuierliches Verschmelzen mit den eingewanderten deutschen Siedlern aus dem Westen. Das führte zu der weltgeschichtlichen Einmaligkeit, dass die »Sieger« die Namen der Besiegten annahmen: Alle Einwohner hießen fortan »Preußen«, dieser Name übertrug sich später auch auf das Land.

Doch es wurden den Polen die neuen Nachbarn zu mächtig. Der neue Ordensstaat legte sich wie eine Sperre zwischen Polen und die Ostsee. Am 15. Juli 1410 kam es zur entscheidenden Schlacht bei Tannenberg. Der Orden wurde vernichtend geschlagen. Der Rest des Heeres zog sich in die Marienburg zurück und verteidigte sie unter dem Komtur Heinrich von Plauen heldenhaft. Eine Seuche zwang den Polenkönig Jagiello die Belagerung abzubrechen, was der Grund war, dass der Orden im Ersten Thorner Frieden von 1411 seine Territorien fast vollständig behalten konnte. Doch die Städte, die der Orden 150 Jahre vorher gründete, suchten aus handelspolitischen Gründen den Anschluss an Polen und bemühten sich, die einengende Ordensherrschaft abzuschütteln. Im 13jährigen Krieg (1453-66) standen Polen und Städte gemeinsam gegen den Orden. Als 1457 die Marienburg an Polen fiel, musste der Hochmeister seinen Sitz nach Königsberg verlagern. Der Zweite Thorner Frieden (1466) leitete das Ende des Ordensstaats ein.

Die Wehr- und Repräsentationsburgen, die der Orden der Nachwelt hinterließ, sind die markantesten Zeugen jener Zeit. Doch trotz schwerster Zerstörungen ist die größte und schönste, die Marienburg, dank der Kunst polnischer Restauratoren weit gehend wieder erstanden. Das größte Backsteinbauwerk der Welt steht unter dem Schutz der Unesco. Als zweitgrößte galt die von Ragnit (Neman) am Memelufer östlich von Tilsit, doch diese wurde 1945 zur Ruine. Von ganz besonderer Schönheit sind Ordensburg und -dom in Marienwerder (Kwidzyn), ein zusammenhängender über 200 Meter langer Komplex mit jenem berühmten 60 Meter weit in die Nogatniederung reichenden Danzker, der »Ordenslatrine«.

Die Ordensburgen im heute polnischen Teil Ostpreußens sind größtenteils, soweit sie 1945 zerstört wurden, wieder hergestellt und dienen als Hotel, Museum oder Theater. Die Burgen im Königsberger Gebiet sind entweder abgetragen (Königsberg, Lochstädt), oder blieben als Ruine liegen und zerfallen (Balga, Taplacken, Insterburg, Labiau, Ragnit). Die in Tapiau dient als Gefängnis, in Preußisch Eylau hat man versucht, die Reste der Burg in ein Hotel umzubauen – das Vorhaben blieb aber wegen Geldmangels unvollendet.

Die einzigartige Architektur der Burgen des Deutschen Ritterordens zwischen Pommern und Estland kündet noch heute von der schier unglaublichen Leistung, in 150 Jahren eine dünnbesiedelte weite Wildnis kolonisiert, und ein modernes Staatsgebilde geformt zu haben, aus dem später das Königreich Preußen hervorgehen sollte.

Rechts:
Zwar steht die Nikolaikirche noch etwas verloren in der erst zum Teil wiederaufgebauten Altstadt Elbings, doch soll sie bald wieder das Herz einer pulsierenden Urbanität werden.

Links:
Erst nach 1990 wurde mit dem Wiederaufbau der Elbinger Altstadt (Elblag) begonnen. Eine geschickte Symbiose traditioneller und moderner architektonischer Elemente macht die Bauten besonders interessant.

Links:
Die wenigen Häuser der Elbinger Altstadt, die das Inferno 1945 überstanden, wurden liebevoll restauriert. Sie zeigen, dass Elbing der Schwesterstadt Danzig in Schönheit keineswegs nachstand.

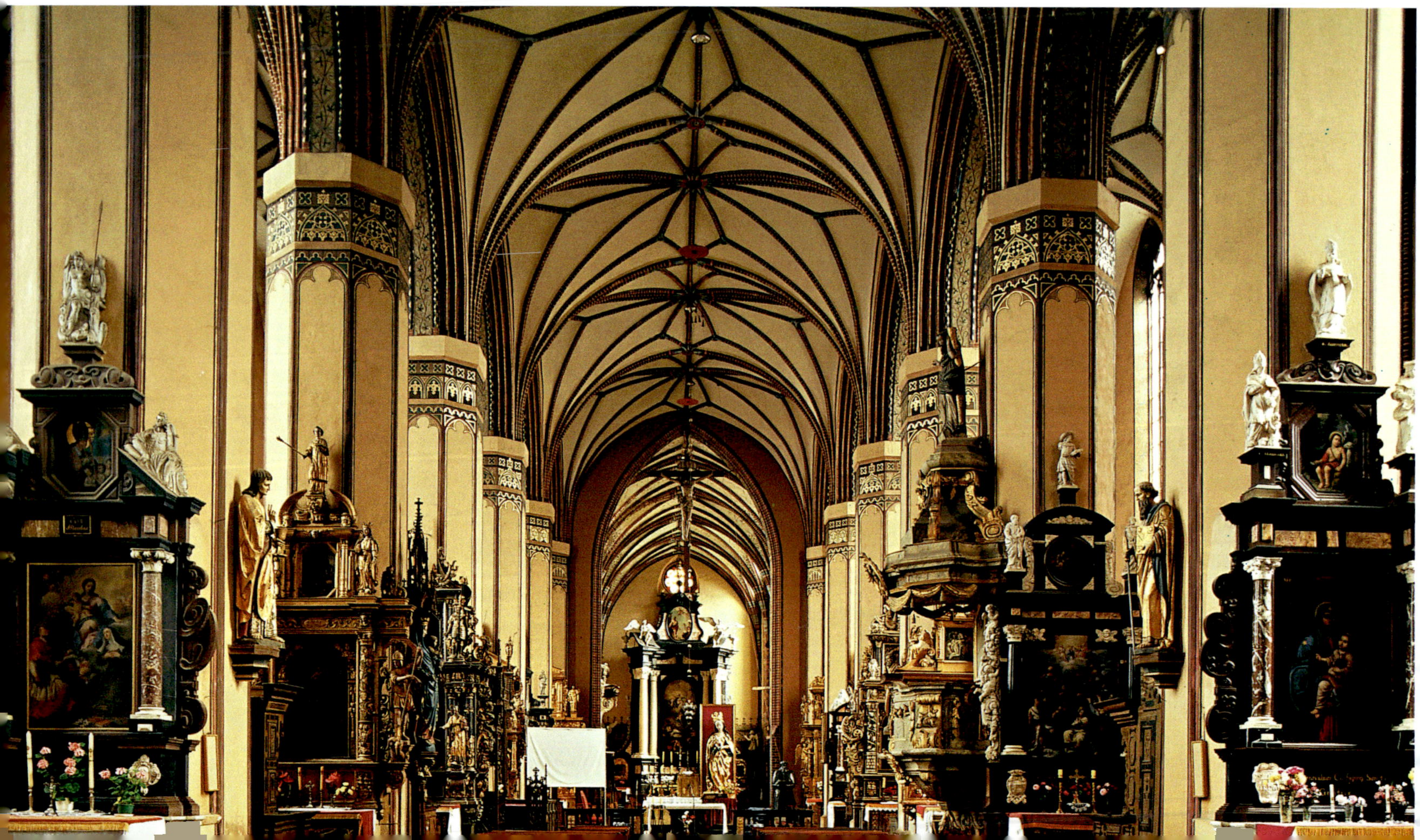

Linke Seite, oben und unten:
Die großartigste Kirche des Ermlands: der 1388 vollendete Dom zu Frauenburg. In ihm wurde 1543 Kopernikus beigesetzt, allerdings ist die genaue Position des Grabes heute unbekannt.

Unten:
Eine Nachbildung der Tschenstochauer »Schwarzen Madonna« zeigt dieses Gnadenbild im Frauenburger Dom.

Oben:
Die Madonnenfigur im Frauenburger Dom soll die schönste im Ermland sein. Sie stammt von dem Aufsatz des alten Hochaltars, der 1504 von Bischof Lukas Watzenrode gestiftet wurde.

SZT-1
SZT-1

Linke Seite:
Ein Fischer aus Kahlberg (Krynica Morska) auf der Frischen Nehrung. Sandige Nehrungen trennen Buchten vom offenen Meer ab und bilden Haffs.

Der Hafen von Tolkemit (Tolkemicko) am Frischen Haff. Obwohl die Fangmenge rückläufig ist, fahren die Fischer wie eh und je auf die Ostsee hinaus.

Der kleine Fischerhafen von Neukrug (Piaski) auf der Frischen Nehrung. Nur wenige hundert Meter weiter nördlich trennt die sowjetisch-polnische Grenze die Frische Nehrung.

Rechts:
Die Peter-und-Pauls-Kirche in Heilsberg (Lidzbark Warmiński) wurde 1400 vollendet. Ihren Turm krönt eine Figur des heiligen Michael.

Unten:
Die Ordensburg Heilsberg, von Südosten gesehen, mit den um 1600 angelegten bischöflichen Repräsentationsgebäuden am Ufer der Alle. Hier residierte unter anderem der Bischof Lukas Watzenrode, der Onkel des Nikolaus Kopernikus.

Oben:
Die barocke Wallfahrtskirche Krossen (Krosno) bei Wormditt stammt aus dem Jahr 1715. Vom Baumeister Reimers wurde sie nach dem Muster von Heiligelinde erbaut.

Links:
Die barocke Wallfahrtskirche Glottau (Głotowo) bei Allenstein (Olsztyn) wurde nach 1722 auf den Fundamenten einer pruzzischen Fluchtburg errichtet.

Das Rathaus von Wormditt (Orneta) mit Laubenhäusern am Markt. Im Rathausturm hing die älteste Glocke des Ermlands aus dem Jahre 1384.

Die Pfarrkirche von Riesenburg (Prabuty) liegt in der alten pruzzischen Landschaft Resia, einem Teil von Pomesanien. Sie wurde um 1310 errichtet.

Das Rathaus von Preußisch Holland (Pasłęk). In dieser Gegend ließen die Ordensritter um 1300 die Weichsel eindämmen und riefen dafür Spezialisten aus Holland hinzu.

Oben:
Das Ordensschloss von Rössel (Reszel) aus dem Jahre 1355 mit der ehemaligen evangelischen Kirche ist eine der schönsten Burgen ganz Ostpreußens.

Rechts:
Mit Bändern und Fahnen festlich geschmückt ist das Innere der St. Annen-Kirche von Wartenburg (Barczewo) bei Allenstein.

Links:
Die »Kirchenburg« von Liebemühl (Miłomłyn) im Kreis Osterode. Die Pfarrkirche ist Teil der Stadtbefestigung, wobei der Glockenturm sich abseits befindet und mit der Kirche durch einen Kreuzgang verbunden ist.

Unten:
Den größten Sakralbau des Ermlandes findet man in Guttstadt (Dobre Miasto). Die Pfarr- und Kollegiatskirche, der »halbe Dom«, wurde 1373 bis 1396 errichtet.

Unten:
Das so genannte »Grüne Tor« führt zur Kirche Heiligelinde. Von Johannes und Christoph Schwarz 1734 geschaffen, symbolisiert es einen Lindenbaum.

Unten:
Das Gnadenbild der Wallfahrtskirche Heiligelinde. Einer Legende nach soll am Ort der Kirche Maria einem zum Tode Verurteilten erschienen sein, der daraufhin das Bildnis der Madonna in weiches Holz schnitzte. Bei dem Anblick des Werkes wagten die Richter den Vollzug der Strafe nicht mehr und ließen den Sträfling frei, der das Bildnis an eine Linde hängte, die fortan zum Pilgerort wurde.

Linke Seite oben:
Die Wallfahrtskirche Heiligelinde (Święta Lipka) bei Rössel ist der bedeutendste barocke Kirchenbau Ostpreußens und wurde 1687 bis 1730 errichtet. Hier soll die Muttergottes in einer Linde erschienen sein. Bereits 1482 stand hier eine kleine Kapelle, die auf einem Lindenstumpf gebaut war.

Linke Seite unten:
Ein mächtiges Tonnengewölbe beschließt das Mittelschiff der Wallfahrtskirche Heiligelinde. Der Heilsberger Maler Matthias Meyer schuf die Decke zwischen 1722 und 1737.

Unten:
Ein Paradies für Segler bietet die Stadt Nikolaiken (Mikołajki) in Masuren, die zwischen dem Nikolaiker See und dem Talter Gewässer liegt.

Unten:
Als Zentrum des Masurischen Seengebietes besitzt Nikolaiken einen malerischen Hafen, in dem man sich heute im Restaurant stärken kann.

Linke Seite oben:
Golden scheint die Sonne durch das herbstliche Blätterwerk einer Allee bei Grünwalde (Grunwald) in Masuren.

Linke Seite unten:
Ein gewaltiges Denkmal erinnert zwischen Grünwalde (Grunwald) und Tannenberg (Stębark) im Oberland an jene Schlacht vom 15. Juli 1410, in der der Deutsche Ritterorden von den Litauern und Polen vernichtend geschlagen wurde.

Oben links:
Moderne Brücke in Nikolaiken. 1444 erstmals urkundlich erwähnt, wuchs der Ort aus drei Siedlungskernen zusammen: aus dem Fischerdorf Niklasdorf, Koniec und Koslau, das man zunächst nur per Boot, später über eine Holzbrücke erreichte.

Oben rechts:
Die heutige Kirche von Nikolaiken stammt aus dem Jahre 1842, der Backsteinturm wurde erst 1880 hinzugefügt.

OSTPREUSSEN UND DIE

Fast hätte man anlässlich der Feiern zum Preußenjahr 2001 annehmen können, dass sich die preußische Geschichte ausschließlich auf dem Territorium des heutigen Bundeslands Brandenburg ereignet hat. Man assoziiert die preußischen Könige meist mit Potsdam und Berlin, doch dass die Geburtsstunde des Königreichs Preußen im fernen Königsberg im Herzogtum Preußen schlug, wird gern übersehen. Deshalb müssen wir hier nochmals ins Jahr 1525 zurückkehren, als der Ordensstaat in das weltliche Herzogtum Preußen umgewandelt wurde. Durch seine deutsche Bevölkerung wie durch die Reformation war Preußen zum Deutschen Reich hin ausgerichtet. Als 1618 nach dem Tod des letzten Nachkommen Herzog Albrechts durch Erbvertrag die Personalunion des preußisch-hohenzollerschen Herzogs mit dem brandenburgisch-hohenzollernschen Kurfürsten festgesetzt wurde, war das Herzogtum Preußen mit Brandenburg verbunden.

Kaiser Leopold I. (1658-1705) in Wien war dem Sohn Friedrich Wilhelms, dem Kurfürsten Friedrich III. (1657-1713), durch dessen Unterstützung im spanischen Erbfolgekrieg einige Gefallen schuldig und gab die Erlaubnis zur Errichtung eines eigenen Königreichs Preußen. Unter dem Namen Friedrich I. krönte sich Kurfürst Friedrich III. in Königsberg am 18. 1. 1701 selbst zum König in Preußen. König von Preußen durfte er sich nicht nennen, wenn er die Polen nicht brüskieren wollte, denn die westlichen Teile des alten Ordensstaats waren ja nach dem Zweiten Thorner Frieden 1466 bei Polen geblieben. Neben dem Berliner Schloss wurde das Königsberger Schloss jetzt zur zweiten großen Hohenzollernresidenz und Königsberg wurde zur Krönungsstadt der preußischen Könige. Das allerdings nur offiziell. Denn die bekannte Sparsamkeit der Nachfolger Friedrichs, allen voran sein Sohn, der »Soldatenkönig« Friedrich Wilhelm I. (1688-1740), war aller höfischen Pracht abhold. Weder Friedrich Wilhelm I., noch sein Sohn Friedrich II. »der Große« (1712-1786), noch die Könige Friedrich Wilhelm II. bis Friedrich Wilhelm IV. wurden in eigenständigen Zeremonien in Königsberg gekrönt. Einzig König Wilhelm I. noch, der spätere Kaiser Wilhelm I., wurde 1861 in Königsberg gekrönt.

Trotzdem: In Berlin und Potsdam hatte man für die ferne Provinz stets eine besondere Wertschätzung. Nachdem die Pestepidemie 1708-10 weite Teile der Provinz entvölkert hatte, erließ Friedrich Wilhelm I. nach 1713 ein besonderes »Wiederbevölkerungs-Programm«, in dem er Kolonisten aus allen Regionen Europas dorthin schickte, ohne die das Land nicht zu der Blüte hätte kommen können, die es später besaß.

Eine besonders bedeutende Rolle spielte Ostpreußen in der deutsch-preußischen Geschichte während der Napoleonischen Kriege. Nachdem das preußische Heer bei Jena und

Links:
Friedrich Wilhelm II. (reg. 1786-97), Neffe und Nachfolger Friedrichs des Großen auf dem preußischen Thron.

Seite 57 oben:
Friedrich II. genannt »der Große« (reg. 1740-86). Der bedeutendste der preußischen Könige hatte allerdings zu seiner östlichen Provinz immer ein zweischneidiges Verhältnis. Doch erfolgte während seiner Regierungszeit die (Wieder-) Vereinigung Westpreußens mit (Ost-)Preußen.

Seite 57 unten:
König Friedrich Wilhelm I., der Vater Friedrichs des Großen (reg. 1713-40). Nach der Entvölkerung Ostpreußens durch die Pest der Jahre 1710-12, leitete er ein großes Neubesiedlungsprogramm ein und gab in Ostpreußen u.a. protestantischen Glaubensflüchtlingen aus allen Teilen Europas eine neue Heimat.

Rechts:
Das Königsberger Schloss von Süden etwa um 1920. Die zahlreichen Umbauten durch die Jahrhunderte spiegeln sich in wechselnden Baustilen wider.

Links:
Der Thronsaal im Königsberger Schloss. Anlässlich der Krönung Friedrichs I. zum König in Preußen 1701 wurde das alte Ordensschloss des Herzogs Albrecht zu einer prächtigen barocken Residenz erweitert.

PREUSSISCHEN KÖNIGE

Auerstädt vernichtet wurde, nahm Napoleon am 27.10.1806 Berlin ein. Preußen begann sich militärisch und moralisch aufzulösen. König Friedrich Wilhelm III. und Königin Luise, wie auch weite Teile des Hofes, flohen nach Ostpreußen. Napoleons Machtbereich dehnte sich jedoch bis Anfang 1807 auch nach Ostpreußen aus. Zar Alexander I. bemühte sich um eine Verständigung mit Napoleon, allerdings auf Kosten seines preußischen Verbündeten. Auf einem Floß im Memelstrom wurde jener Vertrag abgeschlossen, durch den Preußen alle westelbischen Gebiete und auch im Osten einige Territorien abtreten musste, sowie zu hohen Kontributionen verpflichtet wurde. Sommer 1808 zog Friedrich Wilhelm mit seiner Regierung von Memel nach Königsberg und blieb dort bis Ende 1809, bevor er wieder nach Berlin zurückkehrte. Für anderthalb Jahre war jetzt Königsberg preußische Hauptstadt.

Während das Königreich Preußen aus dem alten Ordensstaat geboren wurde, wurde jedoch der Staat Preußen 1947, nach dem die alte Provinz Ostpreußen 1945 zerstört und aufgeteilt war, per Dekret des Alliierten Kontrollrats aufgelöst.

Unten:
Das kleine Schlösschen Schmolainen (Śmolajny) bei Allenstein, erbaut 1765, war die Sommerresidenz der ermländischen Bischöfe.

Rechts oben:
Das Brunokreuz am Löwentinsee bei Lötzen (Gizycko). Einer der ersten Missionare im späteren Masuren, Brun von Querfurt, wurde hier 1009 ermordet.

Rechts Mitte:
In Rastenburg (Kętrzyn) steht die älteste, 1329 errichtete Ordensburg des südlichen Ostpreußen. Mehrmals umgebaut, beherbergt sie heute ein Heimatmuseum.

Rechts unten:
Elf Meter Umfang hat die angeblich tausendjährige Eiche von Cadinen (Kadyny) am Frischen Haff. Sie soll von der legendären Fürstin Cadin gepflanzt worden sein.

Linke Seite oben:
Das Schloss von Allenstein (Olsztyn) entstand in der ersten Hälfte des 14. Jahrhunderts. Um 1522 residierte hier Kopernikus als Landpropst.

Linke Seite unten:
In den jahrhundertealten Räumen des Allensteiner Schlosses ist das Museum für das Ermland und Masuren untergebracht. Ein eigener Saal ist Nikolaus Kopernikus gewidmet.

Ganz links:
Das Kopernikusrelief im Allensteiner Schloss. Nikolaus Kopernikus wurde 1516 von seinem Onkel, dem Fürstbischof von Ermland, als Burgverwalter eingesetzt.

Links:
Die »Babe« im Hof des Allensteiner Schlosses ist eine der ganz wenigen erhaltenen Skulpturen aus der Pruzzenzeit. Ihre Bedeutung ist bis heute nicht geklärt. Sie stellt wahrscheinlich einen jungen Mann dar, der vielleicht einen pruzzischen Gott symbolisieren könnte.

Links:
Im Innern der gotischen Allensteiner Jakobikirche. Sie gilt als eine der bedeutendsten Backsteinkirchen des Ostens.

Oben:
Durch ein ausgeklügeltes System von Schleusen und Zugvorrichtungen werden auf dem Oberländischen Kanal zwischen Elbing und Osterode Schiffe auf Wagen verladen und über Land gezogen.

Rechts:
Der Oberländische Kanal gilt als technisches Meisterwerk. Die Schiffe müssen einen Höhenunterschied von 104 Metern ausgleichen, weshalb sie auf Schienenwagen zum nächsten Flussabschnitt gezogen werden.

Oben:
Nach der Idee des Ingenieurs Georg Jakob Steenke fahren die Schiffe unter der Ausnutzung von Wasserkraft die so genannten »geneigten Ebenen« hinauf.

Links:
Schleuse bei Osterode (Ostróda). Der Oberländische Kanal verbindet über 82 Kilometer Elbing und Osterode, wobei er auch durch mehrere masurische Seen führt.

Nur 15 Zentimeter tief ist der Krutinna-Fluss (Krutynia) südlich von Sensburg (Mragowo). Auf Stakbooten bewegt man sich hier durch die masurische Einsamkeit.

Trotz der Schönheit der Landschaft am Krutinna-Fluss ist es einer der stillsten Winkel des Landes geblieben.

Ruhig gleiten die Stakboote auf dem Krutinna-Fluss bei Eckertsdorf (Wojnowo) zwischen den grünen Ufern dahin.

Seite 66/67:
Lyck (Ełk) am gleichnamigen See war die südöstlichste Stadt des alten Ostpreußen und bis 1945 Masurens »Hauptstadt«. Hier kam 1926 Siegfried Lenz zur Welt, der Masuren und seiner Heimatstadt in seinen »Masurischen Geschichten« und im Roman »Heimatmuseum« ein unvergängliches Denkmal setzte.

Masurische Wasserlandschaft: der Spirdingsee (Jezioro Sniardwy) südöstlich der Stadt Nikolaiken.

Am Niedersee bei Groß Kurwien (Kurwina). Er galt einst als einer der schönsten Seen Masurens.

Die Zeit scheint stehen geblieben zu sein: ein Gehöft am Lycker See (Ełk) im Osten von Masuren.

Die Seen prägen die Landschaft Masurens: ein verträumter Winkel bei Rudzanny (Ruciane).

Oben:
Der Eingang zum 1839 errichteten Nonnenkloster von Eckertsdorf (Wojnowo). Hier siedelten sich um 1830 die aus Russland stammenden orthodoxen »Altgläubigen« oder Philipponen an. Es war das einzige russische Kloster auf deutschem Boden.

Rechts:
Der Mauersee (Jezioro Mamry), hier bei Angerburg (Węgorzewo), liegt im nördlichen Teil Masurens und schiebt mehrere Arme weit in die Landschaft.

Oben:
Die Landschaft Masurens atmet unsagbar friedliche Stille. Nach der Eroberung durch den Deutschen Orden blieb die Landschaft lange Zeit unbesiedelte Wildnis. Erst im 15. Jahrhundert begann man sie landwirtschaftlich zu nutzen.

Links:
Die russisch-orthodoxe Kirche der Philipponen in Eckertsdorf wurde 1922 erbaut. Eckertsdorf ist eines von elf um das Jahr 1830 gegründeten Philipponen-Dörfern in Masuren.

Rechts:
Masurens Landwirtschaft wie auch die ganz Polens ist vielerorts noch stark traditionell geprägt: Gänse marschieren ungestört durch Eckertsdorf.

Unten:
Altes Bauernhaus im Freilichtmuseum von Hohenstein (Olsztynek). Hier erinnern Gutshöfe, Kirchen und Mühlen an die bäuerliche Vergangenheit Ermlands und Masurens.

Oben:
Bei Eckertsdorf wird noch mit Pferden gepflügt. Ob sich dieses »Idyll« auch unter EU-Bedingungen erhalten kann, scheint allerdings fraglich.

Ganz links:
Wohlverdiente Pause: Eine Bäuerin bei der Rübenernte in der Nähe von Niedersee.

Links:
Kinder pumpen an einem altertümlichen Brunnen bei Sensburg (Mragowo) Wasser in einen Eimer.

Unten links und rechts:
Im äußersten Osten Ostpreußens liegt das traditionelle Jagdgebiet der Rominter Heide, durch die heute die polnisch-sowjetische Grenze verläuft. Nur ein kleiner Teil des undurchdringlichen Waldgebiets befindet sich auf polnischem Territorium.

Rechts:
Hier könnte man Elchen begegnen: Seenzauber in der Wildnis der Rominter Heide zwischen Goldap und Szittkehmen (Szitkejmy).

Rechts:
Auch das gehört zu Masuren: die Reste von Hitlers Führerhauptquartier »Wolfsschanze« bei Rastenburg (Kętrzyn). Auf Hitlers Befehl wurde die gesamte Festungsstadt gesprengt, so dass heute eine Ruinenlandschaft den Besucher erwartet.

RUSSISCH OSTPREUSSEN –

Der mittelalterliche Königsberger Dom, auf dem Kneiphof, der Dominsel, blieb zunächst als Ruine erhalten. Die gegenwärtige Restaurierung ist noch nicht vollständig abgeschlossen, doch befindet sich im ersten Obergeschoss bereits ein kleines Kant-Museum. Eine russisch-orthodoxe und eine evangelische Kapelle wurden ebenerdig eingerichtet.

Während das polnische Ostpreußen inzwischen zu einem »normalen« Reiseziel nicht nur deutscher Besucher avancieren konnte, ist das Kaliningrader Gebiet noch weit davon entfernt. Außer alten Ostpreußen, die ihre frühere Heimat wiedersehen wollen, fährt kaum jemand als Tourist in das Königsberger Gebiet. Das liegt einesteils in der umständlichen und oft langwierigen Grenzpassage, aber auch in der weit gehend nicht vorhandenen Infrastruktur, dem desolaten Zustand weiter Teile des Gebiets sowie ganz zu schweigen von den meist fehlenden russischen Sprachkenntnissen. Andererseits kennt man Ostpreußen nicht, wenn man nicht seine frühere Provinzhauptstadt besucht hat und in einer Fahrt auf der Kurischen Nehrung gleichsam das Gipfelerlebnis europäischer Küstenlandschaften erfahren durfte. Aber es gibt noch viel mehr zu entdecken: die weiten Sümpfe des Großen Moosbruchs, die Elchwälder der Memelniederung, die undurchdringlichen Wälder der Rominter Heide oder den am Rand der Welt still liegenden Wystiter See genauso wie das einzigartig schöne Angerapptal südlich von Gumbinnen.

Russisch Ostpreußen bietet darüber hinaus denen, die bewusst reisen, einen Einblick in die, den meisten von uns bisher unbekannt gebliebene, sowjetische beziehungsweise russische Gesellschaft. Es wird bestimmt noch lange dauern, bis man die »Kaliningradskaja Oblast« als Reiseland unter Reiseländern sieht – ein faszinierendes Gebilde wird Nord-Ostpreußen aber auf Jahre hinaus bleiben. Die ungewisse politische Zukunft der Region zwischen russischer Exklave und vielleicht viertem baltischen Staat lässt in Mitteleuropa einen seltsamen Spannungsherd entstehen, dem nur zu wünschen ist, dass seine wirtschaftliche Situation nicht eskaliert.

Der Dom zu Königsberg (Kaliningrad) wurde als dreischiffige Basilika zunächst 1351 vollendet, 1380 jedoch in eine Hallenkirche umgewandelt. Von den beiden geplanten Westtürmen wurde nur einer im 16. Jahrhundert errichtet.

Am Pregelufer in Königsberg findet sich die klassizistische Alte Börse von 1875. Sie wurde auf 2200 Pfahlrosten errichtet. Heute befinden sich in ihr der Klub der Seeleute wie auch ein Spielcasino.

Das Kant-Grab an der Nordostecke des Domes wurde zum 200. Geburtstag Kants 1924 gebaut und überstand den Krieg ohne Zerstörung. Es ist Brauch, dass sich Kaliningrader Brautleute an ihrem Hochzeitstag hier fotografieren lassen.

Links oben:
Sehr verändert wieder aufgebaut wurde nach den Zerstörungen 1944/45 die Neue Albertina von 1861 am Königsgarten. Gegründet wurde die Königsberger Universität bereits 1544. Ihren Namen verdankt sie dem ersten Herzog Preußens, dem Markgrafen Albrecht von Brandenburg-Ansbach.

Links Mitte:
Die 1875 erbaute Alte Börse zeugt von der einstigen Wirtschaftsmacht Königsbergs. Im Hintergrund erhebt sich der Dom auf dem Kneiphof.

Links unten:
Elefantenfütterung im Königsberger Tiergarten, der bei seiner Eröffnung 1896 einer der ersten Tiergärten Deutschlands war.

Unten:
Antikisierender Vorbau mit sechs korinthischen Säulen: Das frühere Schauspielhaus auf den Hufen von 1927 in Königsberg wurde nach dem Krieg im Stil des sowjetischen Klassizismus stark umgebaut.

DENKER UND DICHTER

Eine Gedenktafel für Königsbergs größten Sohn erinnert in der Nähe des Standorts des früheren Schlosses an Kant und seinen »Kategorischen Imperativ«.

Er ist gewiss der berühmteste aller Ostpreußen: Immanuel Kant (1724-1804), Professor für Logik und Metaphysik an der Königsberger Albertina, der 1544 von Herzog Albrecht gegründeten Universität. Zwar verließ er seine Geburtsstadt und deren nähere Umgebung zeit seines Lebens nie, doch seine zwingenden Gedankengänge, in denen er die neuere Philosophie begründete, machten ihn gleichsam zum Weltbürger. Bereits zu Lebzeiten war er in Königsberg eine populäre Persönlichkeit, doch gleichzeitig ein biederer Bürger mit einem ausgeprägten Hang zur Pünktlichkeit, so dass man nach seinen Spaziergängen die Uhr stellen konnte. Es ist nicht möglich, Kants Lehre in wenigen Zeilen zusammenzufassen, doch lassen sich zwei zentrale Thesen herausstellen: Zum einen, dass die menschliche Er-

AUS OSTPREUSSEN

Rechts:
Johann Gottfried Herder (1744–1803) aus Mohrungen. Er brachte das Bewusstsein um die östlichen Nachbarvölker als erster in das deutsche Denken des 18. Jahrhunderts (links).

Johann Georg Hamann (1730–1788). Er war gleichsam Kants philosophischer Antipode. Für ihn war alle Schöpfung gleichzusetzen mit Gottes Wort. Die Sprache war für ihn göttlichen Ursprungs. Kants Rationalität setzte er tiefe Gläubigkeit entgegen (rechts).

Links:
Kant-Denkmal vor der neuen Universität in Königsberg: Marion Gräfin Dönhoff stiftete 1991 einen Abguss des Originals, das in den Nachkriegswirren verschwunden war.

Ganz links:
Julius Rupp (1809–1884) war der Großvater von Käthe Kollwitz und Prediger am Königsberger Dom. An ihn erinnert ein Stein im Bereich des alten Domfriedhofs.

Ganz rechts:
Agnes Miegel, die bedeutendste deutsche Balladendichterin, war auch nach der Vertreibung glühend der verlorenen Heimat verbunden. Sie starb 1964 hoch geehrt als »Mutter Ostpreußens«.

kenntnis begrenzt bleiben muss. Man kann niemals ein »Ding an sich«, sondern nur seine Erscheinung, seine Wirkungen erfassen. Zum andern jener berühmte »kategorische Imperativ«, der fordert, dass jeder so handeln solle, dass sein Handeln als Maßstab für das Handeln aller gelten könne. Das Kant-Grabmal an der Nordostecke des Königsberger Doms überdauerte auch die Zerstörungen in der Sowjetära. Es rettete sogar die Domruine vor dem endgültigen Abriss. Denn in Kants Rationalismus sah man in der Sowjetunion einen Vorläufer der marxistisch-leninistischen Ideologie.

Kants Gegenpol in der Philosophie war der auch aus Königsberg stammende Johann Georg Hamann (1730-1788), aufgrund der mystisch-dunklen Sprache in seinen Schriften oft als »Magus des Nordens« bezeichnet. Anders als Kant stellt er das Gefühl über Wissenschaft und Vernunft. In der Natur sieht er die »Nährerin von Sprache und Kunst« und in der Poesie die »Muttersprache des Menschengeschlechts«.

Johann Gottfried Herder (1744-1803) aus Mohrungen im Oberland war Schüler Kants, studierte Theologie und geriet als Geistlicher und Hauslehrer in Riga in Bekanntschaft mit den slawischen und baltischen Völkern, deren Liedern und deren Literatur. Er war von Hamanns Lehre beeinflusst und interpretierte den Charakter eines Volkes und seine Kultur als im wesentlichen durch Natur und Klima des jeweiligen Landes geprägt.

Weniger Denker als vielmehr Multitalent ist der Königsberger Ernst Theodor Amadeus Hoffmann (1776-1822). Er ging in die Geschichte nicht nur als Dichter, sondern auch als Komponist und Maler ein. Ursprünglich Jurist und preußischer Beamter machte er sich in Posen als Zeichner von Karikaturen seiner Vorgesetzten unbeliebt. Die napoleonischen Wirren ließen ihn den Dienst quittieren und er wurde 1808 Theaterkapellmeister in Bamberg. »Der goldene Topf«, »Die Elixiere des Teufels«, der Novellenkomplex »Die Serapionsbrüder«, die »Lebensansichten des Katers Murr« und die (damals sehr erfolgreiche) Oper »Undine« sind seine bedeutendsten Werke.

Der Dramatiker und Novellist Hermann Sudermann (1857-1928) aus Matzicken bei Heydekrug im Memelland wurde um 1900 als »Balzac des Ostens« bejubelt. Als Schilderer des ostpreußischen Bauernlebens im Roman »Frau Sorge« wie auch in seinem Prosa-Hauptwerk, den »Litauischen Geschichten« (mit der berühmten »Reise nach Tilsit«), erhebt er das Land an der Memel und seine Bewohner in die Weltliteratur.

Doch es gäbe noch viel mehr von großen ostpreußischen Literaten zu erzählen: Johann Christoph Gottsched (1700-1766) bewirkte, dass sich das Hochdeutsche als Literatursprache durchsetzte. Max von Schenkendorf (1783-1817) aus Tilsit, der »Sänger der Befreiungskriege«, gab mit den Anstoß, die verfallene Marienburg wieder aufzubauen, der Rastenburger Arno Holz (1863-1929) erneuerte die deutsche Lyrik durch Annäherung an die Alltagssprache, Ernst Wiechert (1887-1950), der leidenschaftliche Prediger des »einfachen Lebens« aus Kleinort bei Sensburg, der in seinem umfangreichen Werk den Menschen in schwieriger Zeit Trost und Zuversicht spenden wollte und nicht zuletzt die »Mutter Ostpreußens«, Agnes Miegel (1879-1964), die bedeutendste deutsche Balladendichterin, die das persönliche Erlebnis des Untergangs ihrer Heimatstadt Königsbergs und ganz Ostpreußens in mehrere der ergreifendsten Gedichte deutscher Sprache fasste.

Erfrischung nach der Stadtbesichtigung Königsbergs: ein Biergarten am Ufer des Schlossteiches am früheren Münzplatz.

Die ehemalige Stadthalle von 1912 wurde auf den alten Fundamenten am Vorderrossgarten wiederaufgebaut, heute ist hier das Museum zur Stadtgeschichte untergebracht.

Die neoromanische Königin-Luise-Gedächtniskirche von 1901 in der Luisenwahl, einem alten Park, beherbergt heute ein Puppentheater.

Einst wie jetzt ist die Schlossteichbrücke ein beliebter Begegnungsort. Die alte hölzerne Brücke wurde in der Nacht vom 29. zum 30. August 1944 zerstört.

Gösser
Gösser
Gösser
Gösser
Gösser
E 500 MM 39

Links:
Ein altes Brückenzollhäuschen befindet sich noch an der Hohen Brücke, eine der drei erhaltenen (dazu Honig- und Holzbrücke) von ursprünglich sieben Brücken Königsbergs.

Unten:
Die Kirche von Juditten am westlichen Stadtrand Königsbergs, erbaut 1288, ist die älteste Kirche des Samlands.

Unten:
Weiß-rote Backsteinarchitektur zeigt das frühere Tiepoltsche Waisenhaus am Busoltplatz in Königsberg.

Links:
Vier der alten Stadttore des Befestigungsrings aus dem 19. Jahrhundert sind erhalten und dienen unterschiedlichen Zwecken wie hier das Rossgärtner Tor als Restaurant mit Biergarten.

Am Leninskij Prospekt, dem früheren Steindamm in Königsberg. Im Hintergrund steht die Ruine des Rätehauses, des »Dom Sovjetov«.

Schienen auf und unter der Brücke: Straßenbahnen fahren auf der Brücke über die Gleise des Hauptbahnhofs an der Straße nach Ponarth.

Ganz links:
Auf dem Zentralen Markt Königsbergs zwischen Wrangelstraße und Wallring gibt es absolut alles zu kaufen.

Links:
Werbung und ihr Ziel: Mädchen in Königsberg unter einem großen Werbeplakat.

Ganz links:
Die »Neuen Russen«: Luxuslimousinen vor dem Spielcasino in der Alten Börse.

Links:
Warten auf den Bus: Frauen an einer Haltestelle in Königsberg.

Idyll im Zentrum Königsbergs: Angler an den alten Gräben der Wallanlagen am Dohnaturm, der Mitte des 19. Jahrhunderts erbaut wurde. Zusammen mit dem Rossgärtner Tor ist er Sitz des Bernsteinmuseums.

Links oben:
Der Gruppenspeicher wie auch der Turmspeicher aus dem Jahre 1924 im Hafen von Königsberg haben den Krieg unversehrt überstanden.

Links Mitte:
Königsberg verdankte seinen Aufschwung hauptsächlich dem zwischen 1890 und 1901 angelegten Seekanal, der es größeren Schiffen ermöglichte den Hafen anzulaufen.

Links unten:
Ein großes Forschungsschiff wartet auf das Auslaufen im Königsberger Hafen.

Unten:
Ein sowjetisches U-Boot, zum Museum umgerüstet, liegt am Pregel im Gebiet der früheren Lastadie vor Anker.

Nur der Leuchtturm überstand im Zentrum Pillaus (Baltijsk) die vollständige Zerstörung der Stadt im April 1945. Wo sich jetzt ein Monument Zar Peters des Großen befindet, stand bis 1945 der Große Kurfürst. Dessen Denkmal konnte in den Westen gerettet werden und steht heute in Eckernförde.

Jede Stunde verbindet ein kleines Fährschiff Pillau (Baltijsk) mit Neutief auf der Frischen Nehrung. Allerdings leben dort heute nur noch wenige Menschen, da der russische Teil der Frischen Nehrung vollständig Sperrgebiet ist.

Die Ruinen des Westforts auf der Frischen Nehrung. Es entstand im 19. Jahrhundert, um die Festung Pillau zu verstärken.

OSTPREUSSEN – DIE

Der weiche, meist honiggelbe und schimmernde Bernstein ist seit der frühesten Menschheitsgeschichte ein begehrter Schmuckstein. Obwohl er auch an anderen Orten der Welt gefunden wird, sind seine ostpreußischen Vorkommen mit (bereits vor 1945) 98 Prozent der Weltfördermenge die bedeutendsten. Bernstein, althochdeutsch Börnstein, bedeutet »Brennstein«, da er beim Anzünden mit bläulicher Flamme verbrennt. Wissenschaftlich gesehen ist Bernstein eine pflanzliche Harz- und Wachsbildung, die durch ihre schwere Zersetzbarkeit beim Vergehen der Pflanzen zurückgeblieben ist. Die organische Substanz Bernstein besteht zu knapp drei Vierteln aus Kohlenstoff, der Rest sind Wasserstoff und Sauerstoff. Er lädt sich beim Reiben mit

einem Tuch elektrisch auf und zieht kleine Papierschnipsel an. Dies veranlasste die Menschen in der Antike zu glauben, dass der Bernstein eine Seele habe. Die Griechen nannten ihn »Elektron« (Glanzstein). Unser heutiges Wort Elektrizität rührt so von den physikalischen Eigenschaften des Bernsteins her.

Das Bernsteinharz stammt von heute ausgestorbenen Nadelhölzern (Bernsteinkiefer, Zederarten, Kauri-Fichte) aus der Tertiärzeit etwa vor 15 bis 35 Millionen Jahren. Das Harz trat innerhalb der Baumrinde auf, es bildete sich bei Verletzungen und Vernarbungen der Stämme und fand sich zwischen einzelnen Jahresringen. Nach dem Absterben der Bäume häufte sich das Harz primär im Boden an, wobei diese ursprünglichen Ablagerungen später durch Ansteigen des Meeresspiegels wie auch durch lokale Sturmfluten beziehungsweise durch die Gletscher- und Gletscherwasserwirkung während der Eiszeiten

Links oben:
Bernsteingewinnung um 1920 im Tagebau bei Kraxtepellen nördlich von Palmnicken. Bagger förderten die blaue Erde zutage, die dann von Hand gesiebt wurde.

Oben:
Bernsteinfischen in alter Zeit an der Bernsteinküste, wie man das Westgestade des Samlands nördlich und südlich von Palmnicken nennt.

Seite 95 oben:
Nachgebaute Teile des berühmten Bernsteinzimmers kann man im Königsberger Bernsteinmuseum im Dohna-Turm bewundern.

HEIMAT DES BERNSTEINS

mehrmals umgelagert wurden. Die berühmte bernsteinführende »Blaue Erde« des Samlands ist ein durch das Mineral Glaukonit blaugrün gefärbtes tonig-sandiges Flusssediment. Bernstein findet sich hier in unterschiedlich großen und unterschiedlich geformten Knollen. Ein 1860 gefundenes Stück mit dem Gewicht von 10 kg gilt als das größte aus dem Ostseeraum stammende. Es wird heute im Berliner Naturkundemuseum aufbewahrt. Besonders begehrt sind Bernsteinstücke, in denen Pflanzenreste oder Insekten (Inklusen) eingeschlossen sind. Die Tiere wurden durch den aromatischen Harzduft angelockt, setzten sich auf der klebrigen Masse nieder, konnten aber dann nicht mehr entfliehen und starben.

Die Gewinnung des Bernsteins am Ostseestrand erfolgte seit alters her entweder durch einfaches Auflesen, beziehungsweise durch das Schöpfen, bei dem Netze an Stangen befestigt wurden und der Bernstein zusammen mit Tang, in dem sich die einzelnen Stücke oft verhedderten, aus dem Wasser gezogen wurde. Besonders reiche Ausbeute lieferte das Jahr 1862, als nach einem heftigen Sturm an der sieben Kilometer langen Steilküste des westlichen Samlands, der »Bernsteinküste«, 2000 Kilogramm Bernstein nur aufgelesen werden brauchten. Das Unwetter hatte sie aus tieferen Lagen des Meeresgrunds emporgewühlt.

Bernstein ist seit über 4000 Jahren in der Kulturgeschichte der Menschheit in Artefakten und auch im Volksbrauchtum und der Volksmedizin präsent. Besonders in Mittel- und Südeuropa hatte es neben dem Schmuckwert eine besondere Bedeutung als Tauschmaterial beispielsweise gegen Salz aus dem Alpenraum. Bernstein erscheint als Grabbeigabe in der Hallstatt-Kultur (um 1500-500 v. Chr.), wie auch in etruskischen Gräbern, in solchen der römischen Kaiserzeit und ist selbst bei Arabern und Phöniziern als Totengabe nicht selten gewesen. Der ägyptische Pharao Tut-ench-amun besaß nachweislich mehrere Bernsteinamulette, die ihn vor bösen Einflüssen schützen sollten.

Rechts oben:
Wenn im Herbst die Stürme beginnen ist Bernsteinzeit an der Samlandküste. Zwei Hände voll fand diese fleißige Sammlerin.

Rechts unten:
Die Schätze werden ausgebreitet und bestaunt: Bernsteinmarkt im Königsberger Stadtteil Juditten.

КАЛИНИНГРАД
РЫБАЧИЙ
КАЛИН

Links:
Im Grenzgebiet zu Litauen am Grabscher Haken zwischen Pillkoppen und Nidden entfaltet die Nehrungslandschaft eine hinreißende Pracht.

Unten:
Das Bade- beziehungsweise Kurhaus von Rauschen, dem neben Cranz (Selenogradsk) begehrtesten Seebad der Samlandküste.

Unten:
Schroff fällt die samländische Küste bei Rauschen über 30 Meter zur Ostsee und dem schönen und belebten Strand hin ab.

Links:
Ein altes Boot im Fischerhafen von Rossitten, einem stillen Nehrungsdorf an der Haffseite der Kurischen Nehrung.

Unten:
Wie einst ist die 1907 errichtete Luisenbrücke das Wahrzeichen der Stadt Tilsit (Sowjetsk) und soll an den Tilsiter Frieden von 1807 erinnern.

Rechts oben:
Der Saal des Tilsiter Stadttheaters, das eine wichtige kulturelle Funktion für den Norden des Kaliningrader Gebiets hat.

Rechts Mitte:
Östlich von Labiau (Polessk) führt die Adlerbrücke über die Deime, einen Pregelarm, der sich ins Kurische Haff ergießt.

Rechts unten:
Hier trifft man sich nach den Vorstellungen: das Theatercafé im Stadttheater von Tilsit.

Rechts:
Boote im kleinen Hafen des Fischerdorfes Inse (Pritschalij) im ehemaligen Kreis Elchniederung.

Unten:
Romantische Idylle: ein Fischerhaus in Inse an der Ostküste des Kurischen Haffs.

Oben:
Ein Boot am Ufer des Schillingflusses, der sich in der Nähe des Dörfchens Inse in das Kurische Haff ergießt.

Links:
Auf der Ostsee und im Kurischen Haff wird gefischt, an den Flüssen geangelt: am Schillingfluss bei Inse.

Links oben:
Morgennebel steigt in der Niederung des Großen Moosbruchs bei Lauknen (Gromowo) auf.

Links Mitte:
Undurchdringlich scheinen die Erlenbruchwälder des Großen Moosbruchs und geben hier dem Elch seinen Lebensraum.

Links unten:
Ein Wasserwerk in der Elchniederung bei Pait im Großen Moosbruch, dem größten Moor in Ostpreußen.

Unten:
Blänken sind abflusslose Seen, hier im Hochmoor des Großen Moosbruchs bei Lauknen. Das Moor wird vom Timberfluss und vielen Kanälen durchzogen.

ТАДЖ
ССР
КУЛЯБ

Linke Seite:
Besonders der Norden des russischen Ostpreußen ist von Verfall gezeichnet: die Kirchenruine von Weinoten (Oktjabrskoje) bei Tilsit.

Erst vor wenigen Jahren wurde die vordem gut erhaltene Kirche von Neukirch (Timirjazevo) in der Elchniederung absichtlich zerstört.

Fast verloren wirken Auto und Menschen auf dem weiten Marktplatz von Kuckerneese in der Nähe der litauischen Grenze.

Das berühmte Elch-Denkmal in Gumbinnen (Gussew) aus dem Jahre 1910 ist wieder in die Stadt zurückgekehrt, nachdem es in den Nachkriegsjahren nach Königsberg verschleppt worden war.

Der Endpunkt der Reichsstraße 1: Eydtkuhnen (Tschernyschewskoje) an der litauischen Grenze. Die Stadt, deren Zentrum um die Kirche bis vor kurzem ein Kasernengelände war, wirkt erschütternd in ihrem Verfall.

Ganz nahe der einst östlichsten Stadt des Deutschen Reichs, Schirwindt (Kutusovo), führt eine Allee zum tatsächlich östlichsten Punkt des alten Deutschland: im Hintergrund die Grenze nach Litauen.

Unmittelbar am Grenzübergang erinnert bei Preußisch Eylau (Bagrationovsk) ein Denkmal an die Schlacht von 1807, in der Napoleon geschlagen wurde.

Links:
Im äußersten Südosten des Königsberger Gebiets liegt der Wystiter See, dessen Ostufer bereits zu Litauen gehört.

Unten:
Eingangstor zum einst weltberühmten, 1732 von Friedrich Wilhelm I. gegründeten Gestüt von Trakehnen (Jasnaja Poljana). Pferdezucht findet heute allerdings kaum noch statt.

Unten:
Das Gutshaus (Wohnhaus des Landstallmeisters) von Trakehnen von der Gartenseite. Das königliche Hauptgestüt zu Trakehnen sollte alle in Ostpreußen zerstreut liegenden Gestüte zusammenfassen.

Links:
Cowboys in Ostpreußen: Hirten auf Pferden bei Tollmingkehmen (Tschistye Prudy) bewachen eine Kuhherde.

Der Marktplatz mit Georgskirche von Friedland (Prawdinsk) an der Alle. Der Ort ist verhältnismäßig gut erhalten und deshalb Bezirksstadt geworden.

Eine kleine Tafel erinnert am Geburtshaus von Lovis Corinth in Tapiau (Gwardejsk) an den großen Maler, der hier 1858 zur Welt kam.

Insterburg (Tschernjachowsk) an der Angerapp. Der Ort erhielt 1336 anstelle der 1256 zerstörten Prussenburg Unsatrapis die Instirburg als Sitz eines Ordenskomturs.

Einige alte Speicher erinnern im 1945 unzerstörten, doch heute völlig heruntergekommenen Gerdauen (Zeleznodoroshnij) an bessere Zeiten.

Drei Sommer verbrachte Thomas Mann zwischen 1930 und 1932 in seinem Haus in Nidden, das heute ein kleines Museum birgt.

Das Memelland, das litauische Ostpreußen, ist eine weit gehend vergessene Region. Der schmale Streifen nördlich des Memelstroms mit dem Nordteil der Kurischen Nehrung wurde bereits 1919 durch den Versailler Vertrag Litauen zugesprochen. Zwar besteht ein intensiver Fremdenverkehr in dem nördlichen Teil der Kurischen Nehrung, wo sich, im Gegensatz zum russischen Teil, inzwischen eine ansehnliche Infrastruktur entwickelt hat und genauso häufig wird Deutschlands ehemals nördlichste Stadt Memel besucht, doch der Rest des nur kleinen Gebiets bleibt unberührt. Freilich lassen sich im Gebiet der ehemaligen Litauischen Sowjetrepublik, besonders auf dem Land, ähnliche Zustände wie auf der südlichen Seite der Memel finden, aber sogar Litauens kleinere Städte zeigen unübersehbar, wie weit man auf dem Weg nach Westeuropa bereits fortgeschritten ist.

Hier gilt es manches zu entdecken. Es faszinieren nicht nur die Dünen von Nidden und die anheimelnde Altstadt von Memel zwischen Marktstraße und Dange. Das ganze Memeltal mit den Wilkischker Bergen, die Moore um Heydekrug und vielleicht als schönstes – die Auenlandschaft des äußeren Memeldeltas bei Ruß verdienen es, aufgrund ihrer eigentümlichen Reize, begehrte Reiseziele zu werden. Die Landschaft der Mingeniederung ist von einmaligem Zauber: Storchenschwärme ziehen darüber hin, jenseits des Haffs glitzert dunkelgelb Niddens Hohe Düne. Typisch memelländische Einzelgehöfte mit Dächern, geschmückt mit Holzkreuz und Pferdekopf findet man hier. Und: Reisen nach Litauen sind ähnlich problemlos wie solche nach Polen.

– LITAUISCH OSTREUSSEN

Oben:
Weit zieht sich der Blick von der Hohen Düne über das Kurische Haff bis nach Nidden (Neringa).

Rechts:
»Wer die Kurische Nehrung nicht gesehen hat, dem fehlt ein wunderbares Bild in der Seele«, urteilte schon Wilhelm von Humboldt. Hier die Hohe Düne bei Nidden.

Oben:
Blick von der Hohen Düne Richtung Grabscher Haken. Hier genau verläuft über die Nehrung die heutige russisch-litauische Grenze.

Links:
Wüstenlandschaften in Ostpreußen: Die Hohe Düne bei Nidden hat mit ihrem Sand jegliche Vegetation begraben.

Links:
Der Leuchtturm von Nidden, der größten Siedlung auf der Kurischen Nehrung. 1437 wurde das Fischerdorf erstmals urkundlich erwähnt.

Rechts:
In einem blauen Holzhaus ist das Fischermuseum von Nidden untergebracht. Davor werden alte Kurenkähne ausgestellt.

Rechts:
Romantische reetgedeckte Holzhäuser und alte Kurenkähne machen den Reiz von Nidden aus, der neben der Landschaft viele Künstler und Schriftsteller anzog.

Oben:
Aufgespannte Fischreusen bei Schwarzort (Juodkrante) auf der Kurischen Nehrung. Noch immer ist Fischerei ein Erwerbszweig der Bevölkerung.

Rechts:
Ungewöhnliche hölzerne Grabstelen in Krötenform findet man auf dem alten Niddener Fischerfriedhof.

Oben:
Der Fischerhafen von Schwarzort. Es ist neben Nidden der bedeutendste Ort im litauischen Teil der Kurischen Nehrung.

Links:
Eine Aufnahme von Seltenheitswert: unvermutete Begegnung mit Elchen im Nehrungswald bei Schwarzort.

Oben:
Der Theaterplatz in Memel (Klaipeda) mit dem berühmten Ännchen-Denkmal. Es erinnert an Simon Dach, dem Verfasser von Ostpreußens zweiter Hymne »Ännchen von Tharau«, der 1605 hier geboren wurde.

Rechts:
Östlich von Ragnit (Neman) erhebt sich 60 Meter über der Memel der Rombinus, der heilige Berg der Litauer.

Oben:
Memels Altstadt weist an vielen Stellen einen ganz eigentümlichen Zauber auf. 1253 entstand in der Nähe der Mümmelburg das Gemeinwesen Memel. Im Zweiten Weltkrieg weit gehend zerstört, begann man 1975 mit dem Wiederaufbau.

Links:
Pferde als landwirtschaftliche Nutztiere spielen immer noch eine große Rolle im Umland der Stadt Memel.

Register .... Textseite .... Bildseite

Ostsee
LITAUEN
RUSSLAND
POLEN
OSTPREUSSEN
Danziger Bucht
Kurische Nehrung
Kurisches Haff
Frisches Haff
Samland
Ermland
Masurische Seenplatte
Bernstein-küste
Telsiai
Palanga
Kretinga/ Krottingen
Kelme
Klaipeda/ Memel
Priekule/ Prökuls
Saugos/ Saugen
Šilutė/ Heydekrug
Rusnė/ Ruß
Neman/Memel
Taurage/ Tauroggen
Jasnoe/ Kuckerneese
Pagėgiai/ Pogegen
Vilkyškiai/ Willkischken
Smalininkai/ Schmallen-ingken
Sovetsk/ Tilsit
Slavsk/ Heinrichswalde
Neman/ Ragnit
Krasnoznamensk/ Haselberg
Svetlogorsk/ Rauschen
Pionerskij/ Neukuhren
Zelenogradsk/ Cranz
Jantarnyj/ Palmnicken
Bol'akovo/ Kreuzingen
Polessk/ Labiau
Dobrovolsk/ Schloßberg
Gurevsk/ Neuhausen
Primorsk/ Fischhausen
Černjahovsk/ Insterburg
Černyševskoe/ Eydtkau
Nesterov/ Ebenrode
Baltijsk/ Pillau
Svetlyj/ Zimmerbude
Kaliningrad/ Königsberg
Gvardejsk/ Tapiau
Pregolja/Pregel
Gusev/ Gumbinnen
Znamensk/ Wehlau
Ladušķin/ Ludwigsort
Wejherowo/ Neustadt
Gdynia/ Gdingen
Pjatidoro/ Bladiau
Komevo/ Zinten
Pravdinsk/ Friedberg
Ozersk/ Angerapp
Mamonovo/ Heiligenbeil
Bagrationovsk/ Preußisch Eylau
Železnodorožnyj/ Gerdauen
Sopot/ Zoppot
Gdansk/ Danzig
Goldap/ Gołdap
Frombork/ Frauenburg
Braniewo/ Braunsberg
Stegna/ Steegen
Bartoszyce/ Bartenstein
Wegorzewo/ Angerburg
Pruszcz Gdanski/ Praust
Pieneizno/ Mehlsack
Jez. Dargin/ Dargeinensee
Nowy Dwór/ Tiegenhof
Młnary/ Mühlhausen
Lidzbark-Warminski/ Heilsberg
Olecko/ Treuburg
Pszczólki/ Hohenstein
Elblag/ Elbing
Orneta/ Wormditt
Reszel/ Rössel
Ketrzyn/ Rastenburg
Gizycko/ Lötzen
Tczew/ Dirschau
Paslek/ Preußisch Holland
Wisla/Weichsel
Malbork/ Marienburg
Dobre Miasto/ Guttstadt
Mragowo/ Sensburg
Biskupiec/ Bischofsburg
Elk/ Lyck
Sztum/ Stuhm
Dzierzgori/ Christburg
Morag/ Mohrungen
Mikolajki/ Nikolaiken
Orzysz/ Arys
Jez. Sniardwy/ Spirdingsee
Olsztyn/ Allenstein
Kwidzyn/ Marienwerder
Prabuty/ Riesenburg
Ostróda/ Osterode
Ruciane-Nida/ Niedersee-Niedem
Pisz/ Johannisburg
Szczytno/ Ortelsburg
Iława/ Deutsch Eylau
Olsztynek/ Hohenstein
Grudziadz/ Graudenz
Nidzica/ Neidenburg
Działdowo/ Soldau
Lomża
Ostrołeka
Bydgoszcz/ Bromberg
Toruń/ Thorn
Ciechanów

Sinnbild Ostpreußens für alle Zeiten ist die Elchschaufel, hier das Wappen über dem Eingangstor des Gestüts in Trakehnen. Dort war es das Brandzeichen der Pferde.

Impressum

Buchgestaltung
hoyerdesign grafik gmbh, Freiburg

Karte
Fischer Kartografie, Fürstenfeldbruck

Printed in Germany
Repro: Artilitho, Trento, Italien
Druck und Verarbeitung: Offizin Andersen Nexö, Leipzig

ISBN 3-8003-1607-2 Stürtz-Ausgabe
ISBN 3-8003-3070-9 Rautenberg-Ausgabe

Wolfgang Korall,
1949 in Thüringen geboren, lebt und arbeitet als Fotograf in Berlin. Als Spezialist für Osteuropa hat er zahlreiche Reisereportagen, Bildbände und Kalender veröffentlicht.

Gunnar Strunz
lebt und arbeitet in Berlin. Als kompetenter Spezialist für Ostpreußen hält er regelmäßig Vorträge und hat bereits zahlreiche Texte zu diesem Thema veröffentlicht.

Stürtz